ISOGRAPHIE

DES

HOMMES CÉLÈBRES

OU COLLECTION

DE FAC-SIMILE

DE LETTRES AUTOGRAPHES ET DE SIGNATURES,

DONT LES ORIGINAUX SE TROUVENT A LA BIBLIOTHÈQUE DU ROI, AUX ARCHIVES DU ROYAUME, DES DIFFÉRENS MINISTÈRES, DU DÉPARTEMENT DE LA SEINE, ET DANS LES COLLECTIONS PARTICULIÈRES DE MADAME LA MARQUISE DE DOLOMIEU, DE MM. BÉRARD, BERTHEVIN, BOILLY FILS, BOUTRON-CHARLARD, CHAMBRY, DE CHASSIRON, DE CHATEAUGIRON, DUCHESNE AÎNÉ, FEUILLET, LE COMTE D'HAUTERIVE, LALANDE, LUCAS DE MONTIGNY, MARRON, AL. MARTIN, MONMERQUÉ, TRÉMISOT, VILLENAVE, ETC., ETC.

QUATRIÈME VOLUME PUBLIÉ PAR DELARUE ;

SOUS LES AUSPICES

De MM. J. BÉRARD, conseiller-d'état, ancien directeur-général des ponts-et-chaussées, et DE CHATEAUGIRON, membres de la Société des bibliophiles, DUCHESNE aîné, conservateur à la bibliothèque royale, et TRÉMISOT, employé à la préfecture de la Seine.

PROSPECTUS.

Il y a une douzaine d'années environ qu'une société d'hommes distingués par leur savoir, leur goût et leurs recherches des vieux monumens de notre littérature et de notre histoire, et par leurs relations sociales, après avoir composé avec beaucoup de soins et de patience d'importantes collections d'autographes, conçut la pensée d'en rendre la durée moins précaire et d'en assurer la jouissance au public. Le goût de ces précieux vestiges, échappés aux ravages du temps, commençait à se répandre alors. Conservés religieusement dans les archives de famille, ou enfouis dans les cartons des bibliothèques publiques ou particulières, ils n'étaient guère connus que d'un petit nombre d'amateurs voués à la culture des lettres, à l'amour des livres, et adorateurs pieux de ces témoins muets de la pensée de personnages célèbres, tour à tour disparus de la terre et vivant encore en quelque sorte dans ces débris plus durables qu'eux, malgré leur fragilité. Dans la littérature et dans les arts, on revenait avec ardeur aux souvenirs du passé. La mode, enfant capricieux de la fantaisie et du hasard, se faisait intelligente et érudite cette fois, et prêtait son appui mobile aux gravités de l'étude ; l'entreprise avait donc chance d'être accueillie. Cependant, la lithographie, arrivée à un remarquable degré de perfection, offrait un moyen facile et sûr de la réaliser. L'art de décalquer les écritures par l'autographie en était devenu une branche intéressante ; des mains habiles étaient parvenues à suivre, avec une adresse merveilleuse, et reproduisaient avec une étonnante fidélité le trait, les contours, la physionomie même des écritures les plus négligées et les plus irrégulières, et la librairie, s'emparant de leurs travaux, en donnait chaque jour d'heureux spécimen, et enrichissait les éditions nouvelles d'un fac-simile des auteurs. Dans ce concours opportun un choix seul était à faire : des hommes de goût et de science, tels que MM. S. Bérard, de Châteaugiron, Duchesne aîné et Trémisot, n'en pouvaient être embarrassés, et la publication qui parut bientôt sous le titre d'*Isographie des hommes célèbres,* fut le produit de leur pensée et devint dès-lors l'objet de leurs soins. Trois volumes furent mis au jour de 1828 à 1830. Ils donnèrent le fac-simile des autographes les plus précieux qui fussent connus alors. L'ouvrage avait été conçu dans une pensée purement libérale, aucune spéculation commerciale ne l'avait dicté ; il alla se placer dans toutes les bibliothèques choisies avec la distinction dont une collection de ce genre était digne.

Mais malgré le grand nombre de fac-simile que cet ouvrage offrit à la curiosité des amateurs, malgré l'intérêt tiré de l'importance historique des personnages dont ils étaient émanés, l'édition ne tarda pas à se trouver incomplète et insuffisante. L'Isographie avait singulièrement propagé le goût des autographes dont elle mettait la connaissance à la portée de tout le monde ; elle avait encore eu pour effet naturel d'appeler les amateurs à la recherche des vieilles écritures, et leurs investigations avaient fait sortir de la poussière des archives de nouvelles richesses ignorées jusque-là du public et même de leurs possesseurs. Une autre circonstance venait grossir le fonds de l'Isographie et commander une addition à son premier travail ; la publication s'était faite sous la restauration, et il était évident que les frayeurs et les susceptibilités de la censure avaient dû restreindre le cercle où les premiers éditeurs avaient puisé, et priver l'ouvrage d'une foule de pièces du plus haut intérêt. Il y avait donc des lacunes à remplir et de nombreuses célébrités historiques à replacer dans cette curieuse galerie.

C'est encore un fait à constater, que depuis quelques années les autographes ont pris rang parmi les objets d'antiquités et d'arts dont s'alimente le monde des curieux, et que dès-lors le commerce et la spéculation ont dû s'en emparer. Les ventes considérables qu'on en a faites depuis et les prix élevés auxquels les a fait monter la chaleur des enchères témoignent de ce mouvement commercial et de l'empressement que font naître, à juste titre, ces restes précieux des personnages célèbres. Mais cet empressement même a besoin d'être dirigé pour que les amateurs qui ne sont pas tous connaisseurs ne restent pas exposés aux ruses de certains spéculateurs, aux falsifications ou aux méprises sur les noms et les écritures. Il y a de faux autographes et de fausses attributions de noms, comme il y a de faux originaux en peinture, de fausse monnaie et des pierres fausses. Un pareil état de choses rendait nécessaire le complément d'un ouvrage où chaque amateur pût s'assurer, par la comparaison avec des pièces authentiques, qu'il n'est pas trompé sur la vérité de celles qu'on lui présente.

D'une autre part, la valeur vénale des autographes s'étant considérablement accrue, moins de bourses ont pu y atteindre, et leur rareté exige aujourd'hui, pour se composer une collection, un temps et des soins que peu de personnes y peuvent consacrer. Cependant l'ardeur des curieux, loin de s'éteindre, n'en est que plus vivement excitée : telle est l'allure ordinaire de l'esprit humain, toujours plus avide de ce qu'il lui est plus difficile d'obtenir. L'Isographie se trouve heureusement placée pour répondre à ces besoins : pour les propriétaires de collections, elle complète ce qui leur manque ; elle est un heureux dédommagement pour ceux qui n'en ont pu former, puisqu'elle reproduit sous leurs yeux la substance et l'aspect fidèles de tout ce qui s'est conservé de plus remarquable dans ce genre de curiosités. C'était donc une nécessité pour l'Isographie de s'enrichir des autographes que les nouvelles recherches ont fait découvrir, et UN QUATRIÈME VOLUME était désiré par tous les bibliophiles et par la foule grossie des amateurs. En l'annonçant, nous avons la confiance qu'il satisfera à une vive attente.

Lorsque les premiers éditeurs de l'Isographie songèrent à publier leur recueil, ils comprirent, à la faveur dont jouissaient déjà les autographes, celle qu'il leur était donné d'espérer. Ce n'est pas une simple curiosité qui nous attache à ces écrits, il s'y mêle toujours des impressions plus ou moins profondes selon l'époque, le caractère et la vie de celui de qui ils sont venus. Il n'est personne qui ne les ait ressenties. Quoi de plus propre, en effet, à nous émouvoir que ces traces existantes encore, et pourtant si destructibles, des personnages célèbres dont la main du temps ne nous avait laissé que de froids souvenirs, que ces monumens palpables des heures insaisissables à jamais où ils ont pensé et écrit? Sur ces lignes où nos yeux et nos méditations se fixent avec un charme pieux et mélancolique, souvent avec admiration et regret, quelquefois avec indignation, mépris ou horreur, leurs yeux se sont arrêtés, leur main a laissé son empreinte, leur âme est en quelque sorte descendue. C'est quelque chose d'eux qui revit avec nous; nous croyons les entendre, leur parler, les voir, et dans ces muets entretiens nos souvenirs rassemblent tout ce que nous connaissons d'eux, et les actes et les agitations de leur vie, et l'époque et le fait auxquels l'écrit se rapporte, et l'extérieur que notre imagination leur a donné ou que les peintres nous en ont transmis. Quelques-uns, comme Lavater, rapprochent de leur image la configuration de leur écriture et se plaisent à leur trouver des rapports, et dans cette rêverie que nous aimons à nous créer, nous cédons, sans nous en apercevoir, à ce besoin ardent d'étendre le champ de notre vie et de revivre dans le passé que suscite en nous sans doute la vue de notre fragile et fugitive existence.

Et ce n'est pas des seuls autographes que ceci peut se dire : leurs fac-simile ne nous causent pas moins d'intérêt et de touchante surprise. L'Isographie n'est point en effet la simple gravure des autographes ; c'est quelque chose de plus. C'est l'autographe reporté et multiplié sur le papier. Par son mode d'exécution elle se fond si intimement dans l'original, elle s'identifie tellement avec lui qu'il n'est personne qui ne s'oublie avec ce portrait fidèle et qui ne lui livre ses émotions comme s'il était mis en rapport avec l'original lui-même. Le recueil isographique jouit en outre d'un avantage dont manquent souvent les collections les plus riches. Composé de pièces choisies, il unit à chaque pas l'intérêt et le piquant du texte à la fidélité de l'écriture. Le quatrième volume ne sera pas moins remarquable sous ce rapport que ceux qui l'ont précédé, ce qui sera facile à concevoir, si l'on veut bien se rappeler l'avantage des circonstances dans lesquelles il est publié, et ce que nous avons dit des découvertes que, depuis dix ans, le goût de plus en plus répandu des autographes a fait faire.

Ce que nous disons ici nous fournit l'occasion d'offrir l'hommage de notre gratitude aux possesseurs éclairés des collections dans lesquelles il nous a été permis de puiser. Madame la marquise de Dolomieu, MM. Bérard, Boilly fils, Boutron-Charlard, Chambry, de Chassiron, Feuillet, le comte d'Hauterive, Lalande, Lucas Montigny, Alex. Martin, etc., etc., nous ont ouvert leurs riches cabinets et nous ont laissé comparer et choisir avec une libéralité et une grâce qui ont droit à nos remercîmens et qui leur méritera assurément la reconnaissance du public.

Il est encore un point de vue sous lequel nous pouvons considérer le recueil isographique, et qui sera apprécié par toutes les classes de lecteurs. Il est impossible que les impressions qu'il nous cause n'exercent pas une influence heureuse sur la mémoire. Comme les autographes que nous publions se distinguent presque tous par un intérêt historique ou par des circonstances intéressantes de la vie des personnages, comme ils donnent avec leurs noms, les dates de leur naissance et de leur mort, leurs qualités ou les titres dont ils ont été revêtus, ces détails rapprochés de la physionomie de leur écriture et du sujet de leurs écrits portent en eux une espèce d'action mnémonique qui nous laisse des traces profondes, et qui, plus tard, servira admirablement nos souvenirs. Nous ne croyons pas avoir besoin de nous étendre sur ce point : le succès des éditions dites pittoresques ou illustrées l'atteste, et confirme chaque jour la justesse et la vérité de cette pensée du poète :

> Segniùs irritant animos demissa per aurem
> Quàm quæ sunt oculis subjecta fidelibus.....

Enfin, l'école des chartres trouvera, dans l'Isographie, des écritures et des documens qu'elle n'a pu connaître, et qui ne seront ni sans utilité ni sans intérêt pour elle. Malgré leurs richesses, les archives et les bibliothèques publiques manquent d'un grand nombre des pièces que nous donnons, et que le goût des curieux , la piété des familles et la série des vicissitudes et des hasards on conduites, à travers la chaîne des temps , jusques dans notre recueil.

Le quatrième volume aura, comme les précédens, dix livraisons et vingt-quatre pages de fac-simile. Néanmoins, les fac-simile qui auront plus d'une page ne seront comptés que pour ce nombre, lorsqu'ils ne dépasseront pas la longueur du feuillet imprimé *recto* et *verso*.

A cette amélioration il en sera joint une autre : les personnages, très-peu nombreux, dont on n'aurait pu se procurer que la signature ne seront pas, comme précédemment, donnés à part et comptés chacun comme page de livraison; mais ils seront réunis sur une même page en aussi grand nombre que possible, de manière, toutefois, à ne pas gêner l'aspect et l'harmonie de la justification. Cette double modification compensera et au-delà l'obligation où l'éditeur s'est vu quelquefois, pour ajouter à l'intérêt du recueil, de donner des fac-simile de plusieurs pages.

En tête de chaque fac-simile, se trouvera un sommaire indiquant les nom , prénoms , pays, date de naissance et de mort de l'auteur, et autant que possible ses qualités ou ses titres; au-dessous sont indiqués la collection où est conservé l'autographe, et le nom de la personne à laquelle il est adressé, si c'est une lettre.

Malgré les soins attentifs et éclairés donnés à la publication des premiers volumes, quelques autographes réputés jusques-là pour émanés de ceux dont ils portent le nom se sont trouvés, d'après de nouvelles découvertes, ne pas leur appartenir : l'éditeur du quatrième volume remplacera, sans rétribution, pour les premiers souscripteurs, les fac-simile fautifs. Il en sera de même pour quelques-uns qui, à défaut de mieux, avaient été admis dans le recueil et qui ne comportent pas l'intérêt qui doit s'attacher à leurs noms. Une traduction des écritures illisibles sera également *donnée*, en livraison supplémentaire.

Il paraîtra une livraison chaque mois à compter du 15 Janvier prochain. La liste des souscripteurs sera publiée avec la dixième livraison.

Aucun fac-simile ne sera vendu séparément.

CONDITIONS DE LA SOUSCRIPTION :

Chaque livraison coûtera : en papier ordinaire. . . . . 6 fr.
En papier vélin dont il sera fait 15 exemplaires. . . . . . . 10 fr.
Il existe encore quelques exemplaires des trois premiers volumes.

ON SOUSCRIT A PARIS :

Chez DELARUE, rue Notre-Dame-des-Victoires , 16 ;
— TREUTTEL et WURTZ, rue de Bourbon, 17 ;
— FIRMIN DIDOT, rue Jacob, 56 ;
— TECHENER, place du Louvre, 12.

Imp. de FÉLIX MALTESTE et Cie, rue des Deux-Portes-St-Sauveur, 18, près le passage du Grand-Cerf.

ISOGRAPHIE

DES

Hommes Célèbres

ou COLLECTION de

FAC-SIMILE DE LETTRES AUTOGRAPHES
ET DE SIGNATURES

Exécutée & Imprimée par

TH. DELARUE

Lithographe

sous les auspices de MM

Bérard, A.ᵉⁿ Dépᵗ. De Chateaugiron, Duchesne, Conservateur à la Bibⁱᵗ. Royᵉ, Tremisot

et Berthier.

VOL. 2.

A PARIS.

TH. DELARUE, Impr. Lithographe, rue Notre Dame des Victoires, 16.
TRUTTEL et WURTZ, & les principaux Libraires de France & de l'Étranger.

1843.

ISOGRAPHIE

DES

Hommes Célèbres

ou **COLLECTION** de

FAC-SIMILE DE LETTRES AUTOGRAPHES
ET DE SIGNATURES

Exécutée & Imprimée par

TH. DELARUE

Lithographe

sous les auspices de MM

Bérard, A.^{en} Dép.^{té} De Chateaugiron, Duchesne, Conservateur à la Bibl.^{ber} Roy.^{le}, Tremisot

et Berthier.

VOL. 3.

A PARIS,

TH. DELARUE, *Impr. Lithographe, rue Notre Dame des Victoires, 16.*

TRUTTEL et WURTZ, *& les principaux Libraires de France & de l'Étranger.*

1843.

Isographie des hommes célèbres.

Préface.

On est devenu tellement curieux de tout ce qui peut rappeler les hommes célèbres, que l'on attache du prix aux moindres objets qui viennent d'eux. Cette espèce d'intérêt se rencontre surtout dans les lettres autographes. En les lisant, on croit entrer en relation intime avec les personnages qui les ont écrites ; on s'imagine assister à leurs travaux ; et dans cette communication, à laquelle l'amour-propre n'est pas indifférent, on rapproche la distance qui les sépare de nous. Les uns croient reconnaître dans la forme d'une écriture plus ou moins gracieuse ou saccadée, légère ou pesante, le caractère et même le génie de l'écrivain. D'autres éprouvent un religieux respect en parcourant le manuscrit qu'une main illustre a tracé et mêlent à leur admiration pour le génie quelque chose de tendre et d'affectueux pour la personne. Ils croient mieux comprendre les inspirations d'un grand homme en surprenant sa pensée, pour ainsi dire, au moment où elle vient de naître, dans les signes qu'il a employés pour la représenter. Cette curiosité naturelle est l'effet du culte que les gens éclairés rendent au génie, à la vertu, à la gloire.

Les lettres autographes sont devenues dans ces derniers tems l'objet des recherches d'un grand nombre d'amateurs, qui en forment des collections ou en enrichissent les livres mêmes des auteurs. Souvent on paie fort cher ces reliques des grands hommes ; mais pour plusieurs d'entr'eux, elles sont devenues si rares, que beaucoup de collections sont incomplettes et qu'un grand nombre de personnes ne peuvent satisfaire leur curiosité.

Grâce aux arts imitateurs, on se procure des copies tellement parfaites des lettres autographes, qu'elles peuvent, en quelque sorte, tenir lieu des originaux. C'est ainsi que dans la plûpart des éditions nouvelles on publie des Fac-simile de l'écriture des auteurs.

Aucune collection spéciale un peu étendue, d'écritures ainsi imitées, n'avait paru jusqu'ici. Murr cependant avait commencé en 1804 à Weymar une publication de la même nature sous le titre de Chirographa personarum celebrium ; mais il ne termina pas cet ouvrage, dans lequel plusieurs Fac-simile se trouvent sur la même feuille et disposés sans ordre et sans symétrie. Chane, en Angleterre, a aussi publié une collection d'environ 80 portraits, au bas de chacun desquels on voit un Fac-simile de l'écriture du personnage ; mais on n'y trouve guères que leurs signatures. M.ᵐᵉ Delpech, dans l'Iconographie des Contemporains, & M.ʳ Motte, dans celle des contemporains étrangers, ont joint aussi des Fac-simile aux portraits ; mais ces collections, entreprises plutôt pour les portraits que pour les Fac-simile, sont d'un prix élevé, et d'ailleurs, resserrées dans les limites de leur titre, chacune d'elles n'embrasse qu'un seul genre de célébrité. On peut en dire autant des Fac-simile publiés dans l'ouvrage qui a paru sous le titre de Galerie Française. Nous ne pouvons pas nous empêcher de faire remarquer ici que dans le nombre des Fac simile, dont se composent plusieurs de ces collections, il s'en trouve qui sont tout à fait apocryphes. D'autres fois on a donné comme étant d'un personnage illustre, une lettre qui est d'un autre personnage du même nom; enfin, dans quelques circonstances, la signature seule est autographe, et le reste de la pièce est d'un secrétaire.

Le nouvel ouvrage que nous publions doit donc être considéré comme le premier qui ait pour but spécial les Fac simile des personnes les plus illustres, sans être limité à un seul pays ni à un seul temps : à côté des lettres de Henri IV, de Corneille, de Voltaire, de Buffon, on en trouvera d'Élisabeth d'Angleterre, du Tasse, de Schiller, de Linné, et depuis Charlemagne jusqu'à Napoléon; on y passera en revue les noms historiques et les hommes de génie, dont les souvenirs ou les ouvrages resplendissent dans le passé.

Le choix des personnages qui paraissent dans l'Isographie a été fait de manière à y admettre dans chaque illustration ceux qui étaient les premiers de leur temps & ceux qui, sans avoir occupé le premier rang, ont cependant joué un rôle remarquable. Il n'était pas sans difficulté de trouver des autographes d'un grand nombre d'entr' eux, et l'on pouvait craindre, en commençant cette entreprise, d'y laisser beaucoup de lacunes; mais bientôt les correspondances, que nous sommes parvenus à établir en France, en Angleterre, en Italie et en Allemagne, ont agrandi le cercle des richesses qui se trouvaient d'abord à notre disposition. Plusieurs de nos souscripteurs ont aussi contribué à enrichir l'Isographie, et nous saisi- rons avec empressement cette occasion de leur offrir de nouveau nos remercîmens & de leur témoigner notre reconnaissance. S'il reste encore dans cet ouvrage quelques places vides, elles sont peu nombreuses et pourront plus tard être remplies avec les supplémens que le tems amène, en assignant à de nouvelles célébrités un rang dans la mémoire des hommes.

Les noms qui figurent dans l'Isographie sont presque tous si connus, que, pour ne point augmenter le volume ni le prix de cet ouvrage, nous n'avons pas cru devoir y joindre de notices biographiques autres que le sommaire placé en tête de chaque Fac simile, où se trouvent rappelés les noms, la patrie, la date de la naissance et celle de la mort de l'auteur.

En indiquant le lieu où sont conservés les autographes originaux, nous avons donné le moyen de vérifier leur authenticité et la fidélité des copies. On peut voir par ces indications que plus de soixante cabinets en France et à l'Étranger nous ont été ouverts. Parmi les dépôts publics où nous avons puisé, nous mettions au premier rang la bibliothèque du Roi. Nous signalerons ensuite les bibliothèques publiques de Strasbourg et de Montpellier, les archives du Royaume, le British-Muséum à Londres, la bibliothèque de Prague, celle de Dresde et de Berlin, la collection d'Ambrast à Vienne, les Archives du Royaume de Saxe, &ᶜᵃ.....

Outre les collections particulières d'autographes que nous possédons et qui se distinguent, celles de MM. de Chateaugiron & Berard, par tous les genres de célébrités, celle de M. Duchesne par des artistes et des savans, celle de Mʳ. Tremisot par des naturalistes, nous avons choisi dans l'immense collection de Mʳ. Villenave, dans celle de Mʳ. Berthevin, la plus complette en hommes parlementaires modernes, dans celles de MM. Luce de Montigny, de Morel Vindé, Benin, Maron, de Villeneuve-Bargemont, de Cheppe, Duplessis, Delaporte.

Le cabinet de Mʳ. le Marquis de Dolomieu, le plus riche en raretés de toutes les espèces, celui de Mʳ. de Montmerqué, en autographes du grandsiècle de Louis XIV, nous ont été ouverts avec beaucoup de complaisance. Nous devons aussi une reconnaissance particulière à Madame la Comtesse Boni-de Castellane, qui nous a communiqué son riche porte-feuille ; à Mad^{me} la Duchesse Decrès ; à Melle Clémentine Cuvier, qui malheureusement ne peut plus nous entendre. Le goût de ces dames distinguées pour les lettres autographes donnerait au besoin une sanction nouvelle à l'intérêt que nous y attachons de notre côté.

Lorsque nous avons pu trouver une lettre ou un fragment de manuscrit contenant quelque particularité intéressante pour l'histoire ou la littérature, nous l'avons choisi de préférence. Ici, Henri II & Diane de Poitiers écrivent tour à tour et signent ensemble la même lettre au Connétable de Montmorency ; là, Henri IV, qui savait si bien pardonner, écrit qu'il ne pardonnera jamais à ceux qui voudront le brouiller avec sa sœur. La Reine Élisabeth d'Angleterre se plaint à ce Prince de l'arrestation de vaisseaux Anglais et lui rappelle la solide amitié que de longue main elle lui a toujours portée outre l'honneur qu'elle tient du rang de Roi. Imprévoyant de son sort futur, Foucquet envoie d'un mot quatre gazetiers à la Bastille, sans même désigner leurs noms. Dans une lettre au Duc de Richelieu, Mad^{me} de Maintenon mourante cache sous un habit claustral tout l'orgueil du monde. — Louis XIV demande à Colbert dix mille pistoles pour payer des dettes de jeu et avoir encore de quoi jouer.

Dans un tems plus voisin de nous, il est curieux de voir une lettre de Herault de Sechelles, qui a besoin sur le champ d'un recueil de Loix Grecques, où se trouvent celles de Minos, afin de préparer pour lundi un plan de constitution : cette lettre donne de l'époque où elle fut écrite une idée plus juste que de longs développemens historiques.

L'Iconographie contient quelques lettres qui n'étaient pas écrites pour être publiées. Telle est celle de Louis XV, qui prescrit à la mère de l'abbé de Bourbon les précautions à prendre pour le baptême de son enfant. Mais les indiscrétions d'un autre âge ne sont plus pour nous que des éclaircissemens ou des curiosités historiques. Quelquefois, dans des lettres de personnages, dont la vie fut trop longue pour leur gloire, on trouve tracée de leur main leur propre condamnation. En écrivant au général Dumas, le 3 Fructidor an V, que ceux qui ont pu livrer à l'ennemi l'entrée de leur pays ne s'en laveront jamais aux yeux des gens honnêtes, Moreau ne prévoyait pas qu'il mourrait un jour les armes à la main dans les rangs des ennemis de sa patrie. D'autres lettres servent de réponse aux mensonges des historiens partiaux & calomniateurs. C'est ainsi qu'Eugène Beauharnais, dans une lettre écrite à sa sœur, la Reine Hortense, au mois de Novembre 1813, au sujet des propositions qu'il avait reçues de la part des Souverains alliés et repoussées avec indignation, réfute, par avance, l'accusation de trahison envers l'Empereur, que Walter-Scott a osé porter contre ce Prince dans sa prétendue histoire de Napoléon.

La plûpart des pièces publiées dans l'Isographie n'intéressent donc pas seulement par la forme, mais souvent elles sont des peintures vives et piquantes des hommes et des tems dont elles réveillent le souvenir.

L'Isographie se lie encore à la science des anciennes écritures, des chartes et des diplômes, dont le Gouvernement cherche à encourager l'étude par la création d'une école des chartes. Ce serait en effet augmenter l'attrait de la diplomatique que d'y rattacher l'étude des manuscrits originaux des personnages historiques et des auteurs célèbres, de manière à en reconnaître l'authenticité et à démêler ceux qui sont apocryphes. Cette connaissance est surtout nécessaire depuis que les lettres autographes sont devenues un objet de commerce. La comparaison avec l'écriture authentique peut seule faire juger de la vérité d'un manuscrit.

Quelque soin que nous ayons mis à éviter les erreurs, il ne nous a pas été possible d'y réussir complètement ; mais elles ont toujours été réparées aussitôt que découvertes. Au surplus, elles sont si peu nombreuses, qu'on peut aisément nous les pardonner. Cinq Fac-simile seulement, ceux de Louis XI, de l'Amiral Coligny, du Maréchal de Villars, du Chancelier de Biragne et du général Dumouriez, ont donné lieu à des remplacements et nous croyons pouvoir affirmer que ces erreurs rectifiées, il n'en subsiste plus, du moins en ce qui concerne les écritures. Quelques autres erreurs de noms ou de dates, qui se sont glissées dans les titres ont donné lieu à un *Errata*.

Dans plusieurs circonstances nous avons ajouté aux signatures qui avaient d'abord été données, des lettres entières que plus tard nous sommes parvenus à nous procurer, et ces additions n'ont jamais été comptées comme faisant partie des livraisons. En général, nous espérons qu'on aura remarqué que l'Isographie n'a pas eu le caractère d'une spéculation, et que le principal but de ceux qui l'ont publiée a été de rendre service aux études historiques et littéraires, en satisfaisant leur goût pour la recherche des lettres autographes.

Les Éditeurs.

Bernard   H. de Chateaugiron

D'Auberive   Tremisot

Liste des Souscripteurs

Le Roi.

S. A. R. Mgr le Duc d'Orléans.
Mme la Duchesse de Berry.
Le Ministre de la Guerre.
Le Ministre de l'Intérieur.

La Bibliothèque Royale.
La Bibliothèque de la Ch. des Pairs.
La Bibliothèque de la ville de Paris.
La Bibliothèque de la ville de Versailles.
La Bibliothèque de la ville de Rennes.
La Bibliothèque de la ville de Montbar.

A.

Aigremont (Mme la Baronne d')
Allard.
Allan.

Angar.
Anglès (le comte), Ministre d'État
Apofell, Ancien Magistrat.
Audiffret (Le Comte d')
Audot, Libraire

B.

Ballyer, Intendant militaire.
Barante (a. de)
Batowsky,
Bazaine, général du génie à St. Pétersbourg.
Bazile, (alex.)
Bellisle (de), Député.
Bernard.
Berthevin.
Bizemont (Le Marquis de), Député.
Bochard.
Boni de Castellane (La Comtesse)
Bonnet (F.), Avocat.
Borde (Alex. de la), Député.
Bouilly, homme de lettres

Brack.

Brillantais, Banquier.

Buoche, Directeur de la réserve de Pain.

C.

Cagniard, Banquier.

Canson, Fabricant de Papier.

Chabrand.

Chabrol (Le Vicomte de), Maître des requêtes.

Chabrol de Volvic (Le Comte de)

Charlemagne.

Chandon.

Chaulin (Ch.)

Coindet, Médecin à Genève.

Corberon (Le Marquis de)

Cottier, Banquier.

Courez, Agent de Change.

Cuvier (Le Baron), Conseiller d'État.

D.

Dacier (Le Baron) Cons.r de la Bibl. du Roi.

Decheppe, Chef de bd.x à l'adm.n des Ponts & Ch.

Defresne.

Delannoy, Architecte.

Delaporte.

Delarue.

Delaunay, Libraire.

Demanne, Cons.r à la Bibl. du Roi.

Descous, Négociant.

Devilliers, Ing.r en chef, Dr. des Ponts et chaussées.

Didot, F. Imprimeur.

Dodun (Le Comte)

Dolomieu (Le Marquis de)

Dosne.

Doumerc (Alex.)

Druon, Bibliothécaire de la Ch. des Députés.

Dubois, Architecte.

Duchesne J.a Emp.é à la Bibliothèque du Roi.

Duchesne (Mme C.)

Ducoller, Libraire.

Dujardin-Sailly, Libraire.

Dumouchel.

Dupays.

Durand de Lançon, Recev. des Finances.

Duriez, Recev. des Finances, à Paris.

F.

Falkenstein, Bibl.re du Roi de Saxe, à Dresde.

Floquet, Greffier en chef de la Cour Royale de Rouen.

Foye, Propriétaire.

Fortia d'Urban (Le Marquis de)

Fossé d'Arcosse, Référendaire.

Fulchiron, homme de Lettres.

G.

Gaigne, avoué au T.al de 1re instance.

Gail, Cons. de la Bibl. Royale.
Gallois.
Garnerey (Louis), Peintre de Marine.
Giron de l'anglade.
Glatigny (de)
Guérard, Professeur de Mathématiques.
Guérard, Emp.té à la Bibliothèque du Roi.
Guerchy, (Le Marquis de)
Guillaume

H.

Havas.
Helmstadt, (Le Comte d')
Hély d'Oissel, (Député).
Hennequin
Hering, Relieur.

J.

Jacobsen, Maire de Noirmoutiers
Jaubert (Amédée), Maître des requêtes.

K.

Kolly, Directeur des Douanes à Brest.

L.

Labedoyère (Le Comte de)
Lacombe
Laffitte (J.), Député.
Laffitte (S.B.), Ancien agent de change.
Lasteyrie, Fils.

Leblanc, ancien Imprimeur.
Lefebvre, à Naples.
Leroux, Ancien Doyen de la Faculté de Médecine.
Lespine, Emp.té à la Bibl. du Roi.
Levrault, Libraire.
Loevenhielm, Ambassadeur de Suède.
Lourdoueix (de).

M.

Mahul, homme de Lettres.
Maine-glatigny, Ancien Notaire.
Marron, Président du Consistoire Protestant.
Meinier, Libraire.
Menneval (Le Baron).
Méon, Emp.té à la Bibl. du Roi.
Mercey.
Merlin, Libraire.
Mills, Esq.
Miremont (de) Maire de Vienne
Montbeau (de).
Montigny (Lucas), Chef de Dn à la Préf. de la Seine.
Montmerqué, Conseiller à la Cour Royale.
Mornay, (Le Comte de)

N.

Nanteuil, (Le Comte de)
Nanteuil, (Mme de)
Noailles, (Le Comte de)

Norez, Secrétaire des Écuries du Roi.

O.

Oberkampf, Député.

P.

Pelissier, Libraire.
Perier, J. Banquier.
Pieri-Benard, Md. d'Estampes.
Piquet, Ingénieur Géographe.
Poncelet, Professeur à l'École de Droit.
Pradel, (Comte de).

Q.

Querangal.

R.

Raguse, (Mad. la Duchesse de).
Rapilly, Libraire.
Rayneval (le Comte de) Ambassadeur.
Remusat (Abel) Cons. à la Bibl. Royale.
Rey et Gravier, Libraires.
Rieussec, Aîné.
Roure (le Mis. du), Officier supérieur.

S.

Saint-Didier, Rec. gal. des Finances.
Sautelet, Libraire.
Sensier, Ancien Notaire.

T.

Ternaux (Ch.) Banquier.

Ternaux (L.), Fabricant de Draps.
Thuret, Consul général du Royaume des Pays-bas.
Treutel & Wurtz, Libraires.

V.

Vigier (le Comte).
Villenave, Homme de lettres.
Villeneuve-Bargemont (le Comte de).
Vindé (le Vicomte de Morel-), Pair de France.

W.

Walkenaer, Préfet de l'Aisne.
Wilkinson, Banquier.

Liste des Souscripteurs

Le Roi.

S. A. R. Mgr le Duc d'Orléans.
Mme la Duchesse de Berry.
Le Ministre de la Guerre.
Le Ministre de l'Intérieur.

La Bibliothèque Royale.
La Bibliothèque de la Ch. des Pairs.
La Bibliothèque de la ville de Paris.
La Bibliothèque de la ville de Versailles.
La Bibliothèque de la ville de Rennes.
La Bibliothèque de la ville de Montbar.

A.

Aigremont (Mme la Baronne d')
Allard.
Allart.

Angar.
Anglès, (Le Comte), Ministre d'État.
Apfell, Ancien Magistrat.
Audiffret (Le Comte d')
Audot, Libraire.

B.

Ballyer, Intendant militaire.
Barante (A. de)
Batowsky.
Bazaine, Général du génie à St. Pétersbourg.
Bazile, (Alex.)
Bellisle (de), Député.
Bernard.
Berthevin.
Bizemont (Le Marquis de), Député.
Bochard.
Boni de Castellane (La Comtesse)
Bonnet (F.), Avocat.
Borde (Alex. de la), Député.
Bouilly, Homme de lettres.

Brack.
Brillantais, Banquier.
Busche, Directeur de la réserve de Paris.

C.

Cagniard, Banquier.
Canson, Fabricant de Papier.
Chabrand.
Chabrol (Le Vicomte de), Maître des requêtes
Chabrol de Volvic (Le Comte de)
Charlemagne.
Chaudon.
Chaulin (Ch.)
Coindet, Médecin à Genève.
Corberon (Le Marquis de)
Cottier, Banquier.
Couret, Agent de Change.
Cuvier (Le Baron), Conseiller d'État.

D.

Dacier (Le Baron), Cons. de la Bibl. du Roi.
Decheppe, Chef de bur. à l'adm. des Ponts & Ch.
Defresne.
Delannoy, Architecte.
Delaporte.
Delarue.
Delaunay, Libraire.
Demanne, Cons. à la Bibl. du Roi.

Descour, Négociant.
Devilliers, Ing. en chef, Dir. des Ponts et chaussées.
Didot, F. Imprimeur.
Dodun, (Le Comte)
Dolomieu, (Le Marquis de)
Dosne.
Doumerc (Alex.)
Druon, Bibliothécaire de la Ch. des Députés
Dubois, Architecte.
Duchesne J.a, Emp.é à la Bibliothèque du Roi
Duchesne (Mme C.)
Ducoller, Libraire.
Dujardin-Sailly, Libraire.
Dumouchel.
Dupays.
Durand de Lançon, Recv. des Finances.
Duriez, Recv. des Finances, à Paris.

F.

Falkenstein, Bibl. du Roi de Saxe, à Dresde.
Floquet, Greffier en chef de la Cour Royale de Rennes.
Foye, Propriétaire.
Fortia d'Urban, (Le Marquis de)
Fossé d'Arcosse, Référendaire
Fulchiron, homme de lettres

G.

Gaigne, Avoué au Cal de 1re instance.

Gail, Cons. de la Bibl. Royale.
Galloix.
Garnerey (Louis), Peintre de Marine.
Giron de l'anglade.
Glatigny (de).
Guérard, Professeur de Mathématiques.
Guérard, Emp.é à la Bibliothèque du Roi.
Guerchy, (Le Marquis de)
Guillaume.

H.

Havas.
Helmstadt, (Le Comte d')
Hély d'Oissel, (Député).
Hennequin.
Hering, Relieur.

J.

Jacobsen, Maire de Noirmoutiers.
Jaubert (Amédée), Maître des requêtes.

K.

Kolly, Directeur des Douanes à Brest.

L.

Labedoyère (Le Comte de)
Lacombe.
Laffitte (J.), Député.
Laffitte (J.B.), Ancien agent de change.
Lasteyrie, Fils.

Leblanc, ancien Imprimeur.
Lefebvre, à Naples.
Leroux, Ancien Doyen de la Faculté de Médecine.
Lespine, Emp.é à la Bibl. du Roi.
Levrault, Libraire.
Lœvenhielm, Ambassadeur de Suède.
Lourdoueix (de).

M.

Mahul, homme de Lettres.
Maine-glatigny, Ancien Notaire.
Marron, Président du Consistoire Protestant.
Meinier, Libraire.
Menneval (Le Baron).
Méon, Emp.é à la Bibl. du Roi.
Mercey.
Merlin, Libraire.
Milla, Esq.
Miremont (de) Maire de Vienne
Montbeau (de).
Montigny (Lucas), Chef de D.on à la Préf. de la Seine
Montmerqué, Conseiller à la Cour Royale.
Mornay, (Le Comte de)

N.

Nanteuil, (Le Comte de)
Nanteuil, (Mme de)
Noailles, (Le Comte de)

Norez, *Secrétaire des Écuries du Roi.*

O.

Oberkampf, *Député.*

P.

Pélissier, *Libraire.*

Périer, J. *Banquier.*

Pieri-Benard, *Md d'Estampes.*

Piquet, *Ingénieur-Géographe.*

Poncelet, *Professeur à l'École de Droit.*

Pradel, (*Comte de*).

Q.

Querangal.

R.

Raguse, (*Mad. la Duchesse de*)

Rapilly, *Libraire.*

Rayneval (*le Comte de*) *Ambassadeur*

Remusat (*Abel*) *Cons. à la Bibl. Royale*

Rey et Gravier, *Libraire*

Rieussec, *Ainé.*

Roure (*Seign.. du*), *Officier supérieur*

S.

Saint-Didier, *Rec.. gal des Finances*

Sautelet, *Libraire*

Sensier, *Ancien Notaire*

T.

Ternaux (*Ch.*) *Banquier*

Ternaux (*L*), *Fabricant de Draps.*

Thouret, *Consul général du Royaume des Pays-bas.*

Treutel & Wurtz, *Libraires.*

V.

Vigier (*le Comte*)

Villenave, *homme de lettres*

Villeneuve-Bargemont (*le Comte de*)

Vindé (*le Vicomte de Morel-*), *Pair de France.*

W.

Walkenaer, *Préfet de l'Aisne.*

Wilkinson, *Banquier.*

Errata

Quelques erreurs s'étant glissées dans la rédaction des titres de l'Isographie, nous avons jugé convenable de les indiquer.

Bernini, né en Toscane, lisez à Naples.

Berulle, né à Lerilly, lisez à Serilly.

Catherine de Médicis, morte à Paris, lisez à Blois.

Chapelain, mort en 1679, lisez en 1674.

Diane de Poitiers, née en 1500, lisez en 1499.

Epernon, lisez Espernon.

Lavater (Louis), lisez (Jean Gaspard)

Louis XV, né à Versailles, lisez Fontainebleau.

Louverture (Toussaint), mort en 1807, lisez 1803.

Marmontel, né en 1719, lisez 1723, mort à Abbeville en 1798, lisez à Ableville en 1799.

Mirabeau (Cte de) né à Aix, lisez au Bignon près de Nemours.

Montfaucon, né en 1689, lisez en 1655.

Murat, né en 1767, lisez en 1771.

Regnaud de St Jean d'Angely, né à St Fargeau, lisez à St Jean d'Angely.

Rancé le Bouthelier, lisez le Bouthilier.

Réaumur, né en 1633, lisez en 1683.

Voisenon (Fumée de), lisez (Fusée de)

Wieland, mort en 1818, lisez en 1813.

Zwingle, né en 1487, lisez 1484.

TABLE ALPHABÉTIQUE
de
L'ISOGRAPHIE
des
Hommes célèbres.

A.

Adams (John), Président des États-unis.
Adanson, Naturaliste.
Addison
Agnès Sorel
Aguesseau, (d')
Alembert, (d')
Alexandre VI, Pape.
Alexandre I, Empereur de Russie.
Alfieri
Amboise, (Le Cardinal Georges d')
Amyot, (Jacques)
Anne d'Autriche, Reine de France
Anne de Bretagne, Reine de France
Anne de France, Régente.

Anquetil Duperron
Antin, (Duc d')
Anville, (d)
Argental, (Comte d')
Arioste
Arnaud (Baculard d')
Arnauld (Antoine)
Arthur, Duc de Bretagne, Comte de Richemont

B.

Bacon (Le Chancelier)
Bailly, Maire de Paris
Baluze, Antiquaire.
Banks, Président de la Société Royale de Londres.
Barbaroux, Conventionnel
Barnave, Constituant.

Barry (La Comtesse du)
Barr... (Jean)
Barthelemy, (l'abbé)
Bayard (Le Chevalier)
Bayle.
Beaufort (Le Duc de)
Beauharnais (Eugène)
Beaumarchais
Beaumelle (La)
Beauzée, Grammairien.
Beccaria, Publiciste Italien.
Beethoven.
Bellay (Le Cardinal du)
Bellegarde (Roger Duc de)
Belloy (de)
Belzunce, Évêque de Marseille.
Bembo (Le Cardinal)
Bentivoglio (Le Cardinal)
Bergman, Chimiste
Bernini (Le Chevalier)
Bernis (Le Cardinal de)
Bernouilli (Daniel)
Bernouilli (Jean)
Berthier (Le Maréchal, Prince de Wagram)
Berthollet.
Berulle (Le Cardinal de)

Berwick (Le Maréchal de)
Bèze (Théodore de)
Bichat (Xavier) Anatomiste.
Billaud Varennes, Conventionnel.
Birague (Le Chancelier de)
Biron (Lauzun, Duc de)
Boccage (Mme du)
Boccherini. Musicien.
Boerhaave.
Boileau Despréaux
Bolingbroke
Bonchamps, Général Vendéen.
Bonnet (Charles) Physicien
Bonnivet (L'amiral)
Borromée (St Charles)
Bossuet
Bouchardon, Sculpteur.
Boucher, Peintre
Boufflers (Le Chevalier de)
Bougainville, Navigateur.
Bourdoue (le père), Jésuite.
Bourbon (Le Cardinal de)
Bourbon (Le Connétable de)
Bourbon (La Duchesse de)
Bourdaloue
Bourgogne (Le Duc de)

Brahé, (Tycho)

Brantôme

Brinvilliers, (La Marquise de)

Brune, (le Maréchal)

Brunowick, (Charles, Duc de)

Buffon.

Burke, (Edmond)

Busching, Géographe

Bussi Rabutin, (Le Comte de)

Byron, (Lord)

C.

Cabanis, Médecin

Cagliostro, (Le Comte de)

Calmet, (Dom.)

Calprenède (de la)

Calvin.

Camden, Historien

Campan (Mme)

Campistron.

Cange (du) Érudit.

Canning (Georges)

Canova, Sculpteur.

Caraccioli (Le Marquis de) Ambassadeur

Carlin, Comédien

Carnot.

Caroline de Brunowick, Reine d'Angleterre

Carrier, Conventionnel

Casaubon, Érudit

Casimir V, Roi de Pologne

Cassini (Dominique), Astronome

Casti (abbé) Poète Italien

Catherine II, Impératrice de Russie

Catinat (Le Maréchal de)

Caylus, (Le Comte de) Antiquaire

Cazotte.

Cesarotti (l'abbé), Poète Italien

Chabot, (L'amiral)

Chabot, Conventionnel

Chalotais (La)

Chamfort

Champagne (Philippe de), Peintre

Chapelain

Chardin, Voyageur

Charlemagne

Charles V, Roi de France

Charles VI, Roi de France

Charles VII, Roi de France

Charles VIII, Roi de France

Charles IX, Roi de France

Charles Quint, Empereur

Charles I, Roi d'Angleterre

Charles XII, Roi de Suède

Charles le mauvais, Roi de Navarre

Charles le téméraire, Duc de Bourgogne

Charles IV, Duc de Lorraine

Charles, Duc d'Orléans

Chasteler, (La Marquise du)

Chaudet, Sculpteur

Chaulieu, (L'abbé de)

Chénier, (Marie Joseph)

Chevert

Choiseul (Le Duc de), Ministre

Christine, Reine de Suède

Clairon, (Melle), Comédienne

Clery, Valet de Chambre de Louis XVI

Clootz, (Anacharsis), Conventionnel

Cœur, (Jacques) Argentier de France

Colardeau

Colbert, Ministre

Coligny, (L'amiral de +

Collé, Chansonnier

Colletet

Collin d'Harleville

Collot d'herbois, Conventionnel

Colomb (Christophe)

Comynes, (Philippe de)

Condamine (La)

Condé, (Le Grand)

Condé, (Louis de Bourbon, Prince de)

Condé, (Louis Joseph de Bourbon, Prince de)

Condillac, (L'abbé de)

Condorcet, (Le Marquis de)

Conrart, de l'Académie Française

Contat, (Melle), Comédienne

Copernic

Corneille, (Pierre)

Corneille, (Thomas)

Corvisart, Médecin

Cottin, (Mme)

Courier, (Paul Louis)

Court de Gebelin

Cranach, (Lucas de), Peintre

Crébillon, père

Cromwell, (Olivier)

Cujas, Jurisconsulte

Custine, (Le Général)

D.

Dacier, (Madme)

Dangeau, (Le Marquis de)

Daubenton, Naturaliste

David, Peintre

Dela Chaise (Le père), Jésuite

Delambre, Astronome

Delolme, Publiciste

Delorme (Philibert), Architecte.

Demoustier.

Desaix, (Le Général)

Descartes (René)

Deshoulières, (Mad.me)

Desmoulins, (Camille), Conventionnel

Desportes, (Philippe), Poète.

Destouches, (Méricault)

Diane de Poitiers, avec Henri II.

Diderot.

Dolomieu, Naturaliste.

Dominique Biancolelli, Comédien.

Doran.

Doria (André)

Drake, Amiral Anglais.

Dubois (Le Cardinal)

Dubos, (L'abbé), historien.

Ducis.

Duclos (Charles)

Dufrénoy (m.me)

Duguay-Trouin.

Duguesclin (Bertrand)

Duhamel du Monceau, agronome

Dumesnil (m.lle), Comédienne.

Dumoulin (Charles), Jurisconsulte.

Dumouriez, (Le Général)

Dunois.

Dupont de Nemours.

Duprat, (Le Chancelier)

Dupuis, Auteur de l'Origine des cultes.

Duquesne.

Durer (Albert), Peintre.

Duroc, Duc de Frioul.

Dyck (Van).

E.

Edgeworth de Firmont, (L'abbé)

Egmond (Le Comte d')

Elisabeth, Reine d'Angleterre

Elzévier (Daniel), Imprimeur.

Enghien (Le Duc d')

Entrecasteaux, Navigateur.

Eon de Beaumont (Le Chevalier d')

Epée, (L'abbé de l')

Espernon (Le Duc d')

Erasme.

Espinasse (m.lle de l')

Essex, (Le Comte d')

Este (Alphonse II d'), Duc de Ferrare

Estrées (Gabrielle d')

Eugène de Savoie, (Le prince)

Euler.

F.

Faber, (Le Maréchal)
Fabre d'Eglantine
Fabricius, Erudit
Facciolati, Lexicographe
Falconet, Sculpteur
Favart
Fayette, (Mlle de la)
Fayette, (Mme de la)
Félibien, historien de Paris
Fénélon
Ferdinand I, Empereur
Feuillade, (Le Maréchal de la)
Fichte, Philosophe Allemand
Flamel, (Nicolas)
Fléchier
Fleury, (Le Cardinal de)
Fleury, (L'abbé)
Florian
Folard (Le Chevalier)
Fontanes
Fontenelle
Forbin, (Le Chevalier de)
Formey, Secrétaire de l'Académie de Berlin
Fouché, Duc d'Otrante
Foucquet, (Le Surintendant)

Fouquier-Tainville
Fourcroy
Fox, (Charles)
Foy, (Le Général)
François I, Roi de France
François II, Roi de France
Franklin
Frédéric II, Roi de Prusse
Fréret, Antiquaire
Fréron, Critique

G.

Galilée
Garrick, Comédien
Gassendi
Georges Cadoudal, Vendéen
Gerbier, Avocat
Gessner
Ginguené, Membre de l'Institut
Girodet-Trioson, Peintre
Gluck
Goldoni
Gonsalvi, (Le Cardinal)
Graevius, Erudit
Grafigny, (Mme de)
Granvelle, (Le Cardinal)
Gresset

Grétry,

Grey, (Jeanne), Reine d'Angleterre

Grignan, (Comtesse de)

Grimm, (Le Baron de)

Grotius, (Hugues), Publiciste

Guadet, Conventionnel

Guise, (Henri Duc de) dit le Balafré

Gustave Adolphe, Roi de Suède.

Gustave III, Roi de Suède.

H.

Haller, (Albert de)

Hamilton, (Antoine)

Harlay, (Achille de)

Hauy, (L'abbé)

Heinsius, (Daniel), Érudit

Helvétius.

Hénault, (Le Président)

Henry II, Roi de France.

Henry III, Roi de France.

Henry IV, Roi de France.

Henry VIII, Roi d'Angleterre

Henry de Linose, (Le Prince)

Henriette de France, Reine d'Angleterre

Henriette d'Angleterre, Duchesse d'Orléans

Hérault de Sechelles, Conventionnel

Herder, Philologue Allemand.

Heyne, Érudit

Hobbes

Hoche, (Le général)

Holbach, (Le Baron d')

Houdetot, (La Comtesse d')

Huet, Évêque d'Avranches

Hume, (David)

Hus, (Jean)

Huygens, Physicien

I.

Ignace de Loyola (Saint)

Jacques I, Roi d'Angleterre

Jacques II, Roi d'Angleterre

Jacques II, Roi d'Écosse

Janssenius (Corneille)

Jeanne d'Albret

Jeannin, (Le Président)

Jefferson, Président des États-Unis

Jenner, Inventeur de la Vaccine.

Joseph, (Le père), Capucin.

Joséphine Bonaparte, Impératrice

Joubert, Le Général

Jussieu, (Bernard de)

K.

Kant, Philosophe Allemand

Kemble, (Jean Philippe), Comédien.

Keppler, Mathématicien
Kléber, (Le Général)
Klopstock.
Kosciusko.
Kotzebue.

L.

Lacépède, (Le Comte de)
Lafontaine.
Lagrange.
Laharpe.
Lalande.
Lally, (Le Comte de)
Lantier.
Larevellière - Lépeaux, Directeur
Lascaris, Érudit
Lavater.
Lavoisier.
Law, Contrôleur général
Lebeau, historien.
Lebon, (Joseph), Conventionnel.
Lebrun, (Charles), Peintre.
Lefébure, (Le Maréchal)
Legouvé.
Leibniz.
Leicester, (Robert Dudley, Comte de)
Lekain, Comédien.
Lemierre.
Lenclos (Ninon de).

Lenoir, Lieutenant de Police.
Lenostre.
Lessing, Philologue Allemand.
Lesueur, (Eustache), Peintre.
Letellier, (Le père), Jésuite.
L'hospital, (Le Chancelier de)
Ligne, (Le Prince de)
Linné, (Charles)
Lipse, (Juste) Érudit
Llorente, historien
Lorraine, (Le Cardinal de)
Louis XI, Roi de France
Louis XII, Roi de France
Louis XIII, Roi de France
Louis XIV, Roi de France
Louis XV, Roi de France
Louis XVI, Roi de France
Louis XVIII, Roi de France
Louis dit le Grand Dauphin
Louise de Savoie, Duchesse d'Angoulême
Louvet, Conventionnel.
Luce de Lancival
Luther.
Luxembourg, (Le Maréchal de)

M.

Mabillon (Le père).

Mably, (L'abbé de)

Massey, (Le Marquis Scipion)

Maine, (Le Duc du)

Maine, (La Duchesse du)

Maintenon, (La Marquise de)

Malesherbes, (Lamoignon de)

Malherbe

Malebranche

Mansart, Architecte

Marat, Conventionnel

Marguerite, Reine de Navarre

Marguerite, Reine de France

Marie Stuart, Reine de France et d'Écosse

Marie Antoinette d'Autriche, reine de France

Marie Thérèse, Impératrice d'Autriche

Marie I, dite la Catholique, Reine d'Angleterre

Marie II, Reine d'Angleterre

Mariotte, Mathématicien

Marlborough, (Le Duc de)

Marmontel,

Mascaron,

Massena, Duc de Rivoli

Massillon,

Maupeou, (Le Chancelier)

Maupertuis,

Maury, (Le Cardinal)

Maximilien I, Empereur

Maximilien, Roi de Bavière

Mazarin, (Le Cardinal)

Médicis, (Catherine de)

Médicis, (Laurent de)

Médicis, (Marie de)

Mehul, Musicien

Melanchton,

Ménage, (Gilles)

Métastase,

Mézeray, historien

Michel VIII, Paléologue, Empereur grec

Michel-ange, Buonarote

Mignard, Peintre

Millevoye,

Millot, (L'abbé)

Mirabeau, (Le Marquis de)

Mirabeau, (Le Comte de)

Molé, Comédien

Molière,

Monge,

Monnoye, (Bernard de la)

Monsigny, Musicien

Montansier, Julie d'Angennes, (Duchesse de)

Montebello, (Lannes, Duc de)

Montecuculi,

Montesquieu
Montfaucon, (Le Père Bernard de)
Montgolfier
Montmorency, (Le Connétable Anne de)
Montpensier, (Duchesse de)
Montucla
Monvel, Comédien
Moratin, Poète comique Espagnol
More, (Thomas)
Moreau (Le général)
Mornay (Duplessis)
Motte (Houdart de la)
Motte, (La Comtesse de la)
Murat (Joachim), Roi de Naples
Muratori

N.

Nanteuil, Graveur
Napoléon Buonaparté
Nassau (Maurice de), Stathouder de Hollande
Necker
Nelson
Ney (Le Maréchal)
Nicole (Pierre)
Nivernais (Le Duc de)
Noailles (Le Cardinal de)
Noailles (Le Maréchal de)
Nostradamus

Noue, (François de la) dit Bras de Fer
Noue, (Odet de la)

O.

Orange (Guillaume Prince d')
Orléans (Gaston Duc d') Frère de Louis 13
Orléans, (Philippe Duc d'), Régent
Ossat, (Le Cardinal d')
Oxenstierna, (Chancelier de Suède)

P.

Paine, (Thomas), Conventionnel
Paisiello, Musicien
Palisson
Palladio, Architecte
Pallas, Naturaliste
Panard, Chansonnier
Paoli, (Pascal)
Paré (Ambroise)
Parmentier
Parny, (Le Chevalier de)
Pascal, (Blaise)
Pasquier, (Etienne)
Paul I, Empereur de Russie
Paul, (St Vincent de)
Peiresc, Antiquaire
Pelisson
Penthièvre, (Le Duc de)
Pérouse, (La)

Perrault, Architecte,	Puget, Sculpteur
Perronet, Ingénieur,	**Q.**
Pétion, Conventionnel,	Quirini (Le Cardinal) Antiquaire
Philidor, Musicien.	**R.**
Philippe II, Roi d'Espagne.	Raban de St. Etienne, Conventionnel
Philippe V, Roi d'Espagne	Rabelais.
Picard.	Racine, (Jean)
Piccinni, Musicien,	Racine, (Louis)
Pichegru, (Le général)	Rancé, (l'abbé de)
Pictet, Savant genevois,	Raphael d'Urbin
Pigale, Sculpteur	Rapin, (Le père) Jésuite
Pillon (Germain), Sculpteur	Raynal, (l'abbé)
Piron.	Reaumur.
Pitt, (William)	Regnard.
Pluche, (l'abbé)	Regnaud de St. Jean d'Angely.
Poinsinet de Sivry.	René (Le Roi)
Polignac, (Le Cardinal de)	Restif de la Bretonne.
Pompadour, (La Marquise de)	Retz (Le Cardinal de)
Pomponne, (le Marquis de)	Ricci (Scipion), Evêque de Pistoie
Pope.	Richardson, Romancier
Portalis, Législateur,	Richelieu, (Le Cardinal de)
Pothier, Jurisconsulte.	Richelieu (Le Maréchal de)
Poton de Saintrailles.	Richelieu (Le Duc de)
Poyer (Le Chancelier)	Riquet, Constructeur du Canal de Languedoc
Préville, Comédien.	Robertson, historien
Prévost (l'abbé)	Robespierre, Conventionnel
Pufendorf, (Le Baron de) Publiciste	Rochambeau, (Le Maréchal de)

Rochefoucauld, (Le Duc de la)	Saussure, (de)
Rochefoucauld-Liancourt, (Le Duc de la)	Saxe, (Le Maréchal de)
Rochejaquelein, (Henri de la), Vendéen.	Saxe-Cobourg, (Le Prince de)
Rohan, (Henri, Duc de)	Scarron.
Rohan, (Louis, Cardinal de)	Schiller.
Roland de la Platière, Ministre.	Schurman (Melle de), Erudite.
Roland (Madame)	Scudery, (Melle de)
Rollin, (Charles)	Sedaine.
Rousseau, (Jean Baptiste)	Serres, (Hercule de)
Rousseau, (Jean Jacques)	Sévigné, (La Marquise de)
Roze, (Le Chevalier)	Sévigné, (Le Marquis de)
Rozier, (L'abbé,) Agronome	Sheridan.
Rubens, Peintre.	Sicard (L'abbé)
Rulhiere, historien.	Simiane, (La Marquise de)
Rumford, (Le Comte de)	Sixte quint, Pape
Ruyter, (L'amiral)	Soufflot, Architecte

S.

Sacchini, Musicien.	Spallanzani, (L'abbé)
Sade, (Le Comte de)	Sparrman, Voyageur
Saint-Evremond.	Stael, (La Baronne de)
Saint-Foix.	Stanislas Leczinsky, Roi de Pologne
Saint-Lambert.	Stanislas Poniatowsky, Roi de Pologne
Saint-Pierre, (Bernardin de)	Stella, Peintre
Saint-Simon, (Le Duc de)	Sterne
Sales, (St. François de)	Stewart (Dugald) Philosophe Ecossais
Sartine (de)	Stuart (Charles Edouard), Le prétendant
Saumaise, (Claude de)	Suchet, (Le Maréchal)
	Suffren, (Le Comte de)

Wolsey (Thomas), Cardinal.

Y.

Yorck, (Richard, Duc d')

Z.

Zwingle.

Imprimerie Lithographique
DE TH. DELARÜE,
Rue Notre Dame des Victoires, N° 16.
À PARIS